BEI GRIN MACHT SICH IHR WISSEN BEZAHLT

Bibliografische Information der Deutschen Nationalbibliothek:

Die Deutsche Bibliothek verzeichnet diese Publikation in der Deutschen National-bibliografie; detaillierte bibliografische Daten sind im Internet über http://dnb.d-nb.de/ abrufbar.

Impressum:

Copyright © 2014 GRIN Verlag
Druck und Bindung: Books on Demand GmbH, Norderstedt Germany
ISBN: 9783668275621

Dieses Buch bei GRIN:

https://www.grin.com/document/337684

Florian Schweer

Stressmanagement im Unternehmen. Stressoren und Gegenmaßnahmen

GRIN Verlag

GRIN - Your knowledge has value

Der GRIN Verlag publiziert seit 1998 wissenschaftliche Arbeiten von Studenten, Hochschullehrern und anderen Akademikern als eBook und gedrucktes Buch. Die Verlagswebsite www.grin.com ist die ideale Plattform zur Veröffentlichung von Hausarbeiten, Abschlussarbeiten, wissenschaftlichen Aufsätzen, Dissertationen und Fachbüchern.

Besuchen Sie uns im Internet:

http://www.grin.com/

http://www.facebook.com/grincom

http://www.twitter.com/grin_com

Deutsche Hochschule für
Prävention und Gesundheitsmanagement
Hermann Neuberger Sportschule 3
66123 Saarbrücken

Einsendeaufgabe

Fachmodul: Stressmanagement I

Studiengang: MA in Prävention und Gesundheitsmanagement

Datum

Name, Vorname: Schweer, Florian

Studienort: **Saarbrücken**

Semester: **SS 2014**

Inhaltsverzeichnis

1 Unternehmen & Belastungen: Georg Utz AG

1.1 Beschreibung des Unternehmens

Die Georg Utz AG ist ein weltweit tätiger, auf die Herstellung von Behältern, Paletten und Werkstückträgern aus Kunststoff spezialisierter Industriebetrieb mit Hauptsitz in Bremgarten AG, Schweiz. Zur Herstellung der Produkte werden dabei die beiden Verfahren „Thermoformen" und „Spritzguss" angewendet. Nebst einem großen Sortiment an Standardprodukten werden auch individuelle Kundenaufträge ausgeführt. Das bekannteste Standardprodukt des Unternehmens stellen zweifellos die grauen Kunststoffboxen (RAKO-Behälter) dar:

Der konsolidierte Umsatz betrug im Jahr 2013 220 Millionen Schweizer Franken, erarbeitet von 880 Mitarbeitern (Grether, 2014). Am Schweizer Standort in Bremgarten AG sind rund 200 Mitarbeiter beschäftigt.

Die zur Produktherstellung notwendigen Maschinen werden im Grundgerüst eingekauft. Für den Produktionsbetrieb werden dann individuelle Werkzeuge in die Maschinen eingesetzt. Diese werden von der betriebseigenen Abteilung „Werkzeugbau" hergestellt sowie laufend an die Herstellung der unterschiedlichen Produkte angepasst. Das Hauptarbeitsgerät im Werkzeugbau stellen so genannte CNC-Maschinen dar:

Der Werkzeugbau umfasst 11 Facharbeiter sowie 9 Lehrlinge (Auszubildende) und soll im Zentrum dieser Einsendeaufgabe stehen.

1.2 Mögliche Belastungen für die Mitarbeiter der Abteilung „Werkzeugbau" in Bezug auf fünf Belastungsbereiche

1.2.1 Arbeitsprozess: Zeitdruck

Im Bereich des Arbeitsprozesses können viele Faktoren einen Einfluss auf den möglichen Stressor „Zeitdruck" haben. So ist die Produktionsabteilung auf eine termingerechte Fertigstellung der Werkzeuge angewiesen. Eine verspätete Fertigung im Werkzeugbau wirkt sich somit negativ auf den ganzen Produktionsprozess aus, was bei einer verzögerten Ablieferung des Produktes zu einem hohen Preisnachlass führen kann. Zeitdruck kann insbesondere dann entstehen, wenn sehr kurzfristig Aufträge angenommen werden, der Terminplan eines Produktionsauftrages an und für sich sehr ambitioniert gesteckt wurde oder es im Werkzeugbau zu einem Maschinenausfall und damit einhergehenden Verzögerungen kommt. Überstunden und unplanmäßige Wochenendeinsätze sind dann keine Seltenheit.

Ein weiterer Einflussfaktor auf den Stressor „Zeitdruck" ist die Tatsache, dass beinahe die Hälfte der Belegschaft der Abteilung aus Lehrlingen besteht. Die Facharbeiter und insbesondere die Lehrlingsbetreuer sind somit einer Doppelbelastung ausgesetzt: Nebst ihrer eigentlichen produzierenden Tätigkeit kümmern sie sich zusätzlich um die Ausbildung der Lehrlinge und müssen sich so auf mehrere Dinge gleichzeitig konzentrieren. Vor allem in Phasen, in welchen die Lehrlinge mehr Aufmerksamkeit brauchen, kann somit durch die Vernachlässigung der eigentlichen Tätigkeit Zeitdruck entstehen.

1.2.2 Arbeitsbedingungen: Überforderung durch Komplexität und Eigenverantwortung

Die meisten Facharbeiter arbeiten an einer für sie zugewiesenen, „eigenen" Maschine und gehen ihrer komplexen Arbeit mit einem hohen Grad an Selbstständigkeit und Eigenverantwortung nach. Die Beurteilung dieser Tatsache kann individuell unterschiedlich erfolgen: Wird das hohe Maß an Eigenverantwortung von den einen äußerst geschätzt, werden die Komplexität und der hohe Grad an Selbstständigkeit für andere, vielleicht etwas unerfahrenere Mitarbeiter zum Stressor und führen zu einer Überforderung. Die individuelle Beurteilung der Arbeitsbedingung stellt somit, nebst der Erfahrung und dem Fachwissen, den entscheidenden Einflussfaktor auf den konkreten Stressauslöser „Überforderung durch hohe Komplexität und Eigenverantwortung" dar.

1.2.3 Arbeitsumgebung: Lärm, Schmutz und unsaubere Luft

Die CNC-Maschinen führen zu einer sehr hohen Lärmemission und können so Stress auslösen. Entscheidender Einflussfaktor ist die Lautstärke, denn eine zu hohe Lärmbelastung kann eine Gesundheitsgefährdung in Form von Konzentrationsstörungen und Hörschädigungen auslösen.

Eine hohe Schmutzbelastung und dadurch unsaubere Luft können aufgrund der unangenehmen oder sogar gesundheitsschädigenden Wirkung zu Stress führen. Einflussfaktoren stellen die Art der Arbeit und die damit verbundene Schmutzentwicklung sowie die Räumlichkeiten des Werkzeugbaus dar: Diese sind sehr klein, alt und schlecht durchlüftet und begünstigen somit die unsaubere Luft.

1.2.4 Arbeitsmaterialien: Mögliche Gesundheitsgefährdung durch Schwermetalle

Gewisse Aufträge erfordern die Verwendung von Schwermetallen, deren Bearbeitung aufgrund ihrer Giftigkeit gesonderte Vorkehrungen und Arbeitsschritte benötigt. Das Wissen um eine mögliche Gesundheitsgefährdung könnte ein Stressor darstellen. Einflussfaktoren stellen der Grad der Giftigkeit des bearbeiteten Materials, das Fachwissen bezüglich des Umgangs mit Schwermetallen sowie mögliche Schutzmaßnahmen dar.

1.2.5 Arbeitsressourcen: Hoher Wert der CNC-Maschinen

Die zur Werkzeugherstellung benötigten Maschinen sind sehr teuer und können leicht beschädigt werden. Dass Wissen um die Tatsache, dass der kleinste Fehler schnell einmal Kosten im sechsstelligen Bereich verursachen kann, kann ein möglicher Stressor sein.

Einflussfaktoren stellen der Wert der Maschine sowie die allgemeine Arbeitserfahrung und das für die jeweilige Maschine spezifische Fachwissen dar.

2 Befragung zur Stressbelastung

2.1 Verfahren und Durchführung

Zur Stressanalyse von Beschäftigten stellt die Befragung das geeignetste Instrument dar, wobei an dieser Stelle die schriftliche Variante mithilfe eines Fragebogens gewählt wird, da somit die Anonymität gewahrt wird. Der Fragebogen wird von den Beschäftigten der Abteilung "Werkzeugbau" einzeln ausgefüllt. Bei der Erstellung ebendieses soll sich dabei am von Schaarschmidt (1997) konzipierten Verfahren AVEM (Arbeitsbezogenes Verhaltens- und Erlebnismuster) orientiert werden. Dieses Verfahren eignet sich als Basis für die Erstellung des Fragebogens deshalb sehr gut, weil es im deutschsprachigen Raum das am häufigsten verwendete Messinstrument zur Erfassung von beruflichem Bewältigungsverhalten darstellt (Pieter, 2014, S. 160ff.) und die Hauptgütekriterien Reliabilität, Validität und Objektivität gegeben sind (Testzentrale der Schweizer Psychologen AG, 2009). Da durch die ursprüngliche Version des Fragebogens aber keine spezifischen Stressoren verifiziert werden können, wird dieser zur Messung der Stressbelastungen der Mitarbeiter der Abteilung „Werkzeugbau" entsprechend modifiziert. Mit dem ursprünglichen, 66 Items umfassenden Fragebogen lässt sich ausschließlich die Ausprägung von Verhalten und Erleben vier verschiedenen Grundmustern zuordnen. Deshalb wird der Fragebogen mit 9 weiteren Items (offene Fragen) ergänzt, um zusätzlich konkrete Stressoren verifizieren zu können. Die Zusatzfragen beziehen sich immer auf die vorhergehende Frage und sollen beantwortet werden, wenn diese mit "trifft manchmal zu", "trifft oft zu" oder "trifft vollkommen zu" beantwortet wurde. Zur Kennzeichnung wurden die zusätzlich eingebauten Fragen in nachfolgender Tabelle mit einem Stern (*) markiert.

Tab. 1: Modifizierter Fragebogen des AVEM-Verfahrens (nach Schaarschmidt und Fischer, 1997)

Frage-Nr.	Frage	Trifft auf keinen Fall zu	Trifft kaum zu	Trifft manch-mal zu	Trifft oft zu	Trifft vollkom-men zu
		1	2	3	4	5
1.	Die Arbeit ist für mich der wichtigste Lebensinhalt.					
2.	Ich möchte beruflich weiter kommen, als es die meisten meiner Bekannten geschafft haben.					
3.	Wenn es sein muss, arbeite ich bis zur Erschöpfung.					
*3.1.	Wenn bei 3 ≥3: Was erschöpft Sie während der Arbeit konkret?					
4.	Meine Arbeit soll stets ohne Fehl und Tadel sein.					
5.	Zum Feierabend ist die Arbeit für mich vergessen.					
*5.1	Wenn bei 5 ≥3: Über was denken Sie beim Feierabend noch nach?					
6.	Wenn ich keinen Erfolg habe, resigniere ich schnell.					
7.	Für mich sind Schwierigkeiten dazu da, dass ich sie überwinde.					
8.	Mich bringt so leicht nichts aus der Ruhe.					
*8.1	Wenn bei 8 ≥3: Was bringt Sie denn bei der Arbeit aus der Ruhe?					
9.	Mein bisheriges Berufsleben war recht erfolgreich.					
10.	Mit meinem bisherigen Leben kann ich zufrieden sein.					
11.	Mein Partner /meine Partnerin zeigt Verständnis für meine Arbeit. bzw. die Person, zu der die engste persönliche Bindung besteht.					
12.	Die Arbeit ist mein Ein und Alles.					
13.	Berufliche Karriere bedeutet mir wenig.					

14.	Bei der Arbeit kenne ich keine Schonung.					
15.	Ich kontrolliere lieber noch dreimal nach, als dass ich fehlerhafte Arbeitsergebnisse abliefere.					
16.	Auch in der Freizeit beschäftigen mich viele Arbeitsprobleme.					
*16.1	Wenn bei 16 ≥3: Welche Arbeitsprobleme beschäftigen Sie in der Freizeit?					
17.	Misserfolge kann ich nur schwer verkraften.					
18.	Wenn mir etwas nicht gelingt, sage ich mir: Jetzt erst recht!					
19.	Ich bin ein ruheloser Mensch.					
20.	In meiner bisherigen Berufslaufbahn habe ich mehr Erfolge als Enttäuschungen erlebt.					
21.	Im Großen und Ganzen bin ich glücklich und zufrieden.					
22.	Meine Familie interessiert sich nur wenig für meine Arbeitsprobleme.					
23.	Ich könnte auch ohne meine Arbeit ganz glücklich sein.					
24.	Was meine berufliche Entwicklung angeht, so halte ich mich für ziemlich ehrgeizig.					
25.	Ich arbeite wohl mehr als ich sollte.					
*25.1	Wenn bei 30 ≥3: Was ist der Grund für die Mehrarbeit?					
26.	Bei meiner Arbeit habe ich den Ehrgeiz, keinerlei Fehler zu machen.					
27.	Nach der Arbeit kann ich ohne Probleme abschalten.					
28.	Berufliche Fehlschläge können mich leicht entmutigen.					
29.	Misserfolge werfen mich nicht um, sondern veranlassen mich zu noch stärkerer Anstrengung.					
30.	Ich glaube, dass ich ziemlich hektisch bin.					
*30.1	Wenn bei 30 ≥3: In welchen Situationen reagieren Sie bei der Arbeit hektisch?					
31.	Wirkliche berufliche Erfolge sind mir bisher versagt geblieben.					
32.	Ich habe allen Grund, meine Zukunft optimistisch zu sehen.					
33.	Von meinem Partner/ meiner Partnerin wünschte ich mir mehr Rücksichtnahme auf meine beruflichen Aufgaben und Probleme.					
34.	Ich brauche die Arbeit wie die Luft zum Atmen.					
35.	Ich strebe nach höheren beruflichen Zielen als die meisten anderen.					
36.	Ich neige dazu, über meine Kräfte hinaus zu arbeiten.					

37.	Was immer ich tue, es muss perfekt sein.					
38.	Feierabend ist Feierabend, da verschwende ich keinen Gedanken mehr an die Arbeit.					
39.	Wenn ich in der Arbeit erfolglos bin, deprimiert mich das sehr.					
40.	Ich bin mir sicher, dass ich auch die künftigen Anforderungen des Lebens gut bewältigen kann.					
41.	Ich glaube, ich bin ein ruhender Pol in meinem Umfeld.					
42.	In meiner beruflichen Entwicklung ist mir bisher fast alles gelungen.					
43.	Ich kann mich über mein Leben in keiner Weise beklagen.					
44.	Bei meiner Familie finde ich jede Unterstützung.					
45.	Ich wüsste nicht, wie ich ohne Arbeit leben sollte.					
46.	Für meine berufliche Zukunft habe ich mir viel vorgenommen.					
47.	Mein Tagesablauf ist durch chronischen Zeitmangel bestimmt.					
*47.1.	Wenn bei 47 ≥3: Wodurch entsteht denn der Zeitmangel?					
48.	Für mich ist die Arbeit erst dann getan, wenn ich rundum mit dem Ergebnis zufrieden bin.					
49.	Arbeitsprobleme beschäftigen mich eigentlich den ganzen Tag.					
50.	Ich verliere leicht den Mut, wenn ich trotz Anstrengung keinen Erfolg habe.					
51.	Ein Misserfolg kann bei mir neue Kräfte wecken.					
52.	Ich kann mich in fast allen Situationen ruhig und bedächtig verhalten.					
53.	Mein bisheriges Leben ist durch beruflichen Erfolg gekennzeichnet.					
54.	Von manchen Seiten des Lebens bin ich ziemlich enttäuscht.					
55.	Manchmal wünschte ich mir mehr Unterstützung durch die Menschen meiner Umgebung.					
56.	Es gibt Wichtigeres im Leben als die Arbeit.					
57.	Beruflicher Erfolg ist für mich ein wichtiges Lebensziel.					
58.	In der Arbeit verausgabe ich mich stark.					
*58.1.	Wenn bei 58 ≥3: Nenne Sie eine konkrete Situation, bei der Sie sich stark verausgaben:					
59.	Es widerstrebt mir, wenn ich eine Arbeit abschließen muss, obwohl sie noch verbessert werden könnte.					

60.	Meine Gedanken kreisen fast nur um die Arbeit.					
*60.1.	Wenn bei 60 ≥3: Über was wird denn nachgedacht?					
61.	Wenn ich irgendwo versagt habe, kann mich das ziemlich mutlos machen.					
62.	Wenn mir etwas nicht gelingt, bleibe ich hartnäckig und strenge mich umso mehr an.					
63.	Hektik und Aufregung um mich herum lassen mich kalt.					
64.	Meine beruflichen Leistungen können sich sehen lassen.					
65.	Es dürfte nur wenige glücklichere Menschen geben als ich es bin.					
66.	Wenn ich mal Rat und Hilfe brauche, ist immer jemand da.					

2.2 Auswertung

Zum einen findet eine Auswertung über das herkömmliche Verfahren AVEM statt. Dabei werden von jedem Beschäftigten die 11 einzelnen Dimensionen ausgewertet und Individualprofile erstellt, deren Grad der Passung zu den vier Referenzprofilen bestimmt werden kann. Somit ist es möglich, für jeden einzelnen Beschäftigten Rückschlüsse auf gesundheitsförderliche und gesundheitsgefährdende Beanspruchungsverhältnisse zu ziehen (Pieter, 2014, S. 162).

Zum anderen können mithilfe der neun Zusatzfragen Reize, welche bei den Beschäftigten Stress auslösen und somit konkrete und individuelle Stressoren verifiziert werden. Dies geschieht, indem aus jeder Antwort der Zusatzfragen ein bestimmter Stressor abgeleitet wird. Lautet zum Beispiel die Antwort eines Befragten auf die Frage 60.1. (Über was wird denn die ganze Zeit nachgedacht?) "Ich denke häufig über die Schwermetalle nach, welche ich ab und an bearbeiten muss, denn diese sind giftig.", so kann daraus der Stressor "mögliche Gesundheitsgefährdung durch Schwermetalle" abgeleitet werden. Dabei ist es im Rahmen der Auswertung unter anderem auch möglich, diese Stressoren anhand der Anzahl Nennungen zu rangieren. Dies ist für die Konzeptionierung des multimodalen Stressmanagements äußerst hilfreich und für die Auswahl der Maßnahmen im Bereich des strukturellen Stressmanagements sogar zwingend notwendig, da häufig genannte Stressoren im Rahmen der Maßnahmen zur Stressreduktion eine stärkere Gewichtung erfahren sollen, da diese Belastungen für einen großen Teil der Belegschaft Stressauslöser darstellen. Stressoren, welche nur von wenigen oder gar einem einzigen

Beschäftigten genannt werden, werden im Rahmen der Konzeptionierung nicht priorisiert.

3 Konzeption der Maßnahme

Anmerkung: Es wird davon ausgegangen, dass die Auswertung der Befragung offen legte, dass alle in der Aufgabe 1 erläuterten möglichen Belastungen von einem Großteil der Beschäftigten als Stressor beschrieben wurden. Aus diesem Grund werden alle fünf Belastungsbereiche und die jeweiligen Stressoren in die nachfolgende Maßnahmenkonzeptionierung einbezogen.

3.1.1 Arbeitsprozess: Zeitdruck

Zum einen soll im Bereich des strukturellen Stressmanagements folgende Maßnahme umgesetzt werden: In Bezug auf den Stressor soll im Rahmen einer gesundheitsförderlichen Gestaltung der Arbeitsabläufe darauf geachtet werden, möglichst wenige Aufträge kurzfristig anzunehmen und den gesamten Produktionsprozess vorausschauend zu planen. Dabei sollen auch etwaige Verzögerungen mit einberechnet werden.

Im Rahmen des individuellen Stressmanagements soll folgender Schritt eingeleitet werden: In Bezug auf den individuellen Stressverstärker der Einstellung zum Zeitdruck werden die Beschäftigten im Rahmen des kognitiven Stressmanagements durch ein Gruppencoaching mittels der ABCZD-Analyse angeleitet, die irrationale Bewertung eines straffen Zeitplanes zu verändern, wodurch dieser seine Bedrohung verliert.

3.1.2 Arbeitsbedingungen: Überforderung durch Komplexität und Eigenverantwortung

Im Bereich des strukturellen Stressmanagements soll durch interne Weiterbildungen das Fachwissen der Beschäftigten bezüglich der verschiedenen CNC-Maschinen verbessert werden, um den Stressor einer Überforderung aufgrund der Komplexität und hohen Eigenverantwortung zu vermeiden. Des Weiteren soll dem Beschäftigten im Rahmen einer gesundheitsförderlichen Mitarbeiterführung das Gefühl gegeben werden, dass er seinen Vorgesetzten bei Unklarheiten jederzeit um Rat fragen kann.

Bezüglich des individuellen Stressmanagements sollen die Beschäftigten im Rahmen des instrumentellen Stressmanagements in Gruppen angeleitet werden, ihr Zeitmanagement zu visualisieren, damit komplexe Aufgaben ihre Bedrohung verlieren.

3.1.3   Arbeitsumgebung: Lärm, Schmutz und unsaubere Luft

Im Rahmen des strukturellen Stressmanagements soll der Stressor „Lärm" minimiert werden, in dem die Montage von Schallisolation an den Maschinen zur Verringerung der Lärmemission geprüft wird. Außerdem sollen bessere Gehörschütze beschafft werden. Zur Verbesserung der Luftqualität werden der Einbau einer neuen Lüftungsanlage sowie ein neues Reinigungskonzept geplant und umgesetzt.

Bezüglich des individuellen Stressmanagements werden die Beschäftigten im Bereich des instrumentellen Stressmanagements durch einen Vortrag über die verschiedenen Schutzmassnahmen in Bezug auf Lärm und unsaubere Luft informiert und in der korrekten Benutzung eben derer angeleitet.

3.1.4   Arbeitsmaterialien: Mögliche Gesundheitsgefährdung durch Schwermetalle

Durch eine Schulung sollen die Verantwortlichen im Rahmen des strukturellen Stressmanagements dazu sensibilisiert werden, möglichst wenige Schwermetalle in der Produktion einzusetzen und wenn immer möglich alternative Materialien zu verwenden.

Im Bereich des individuellen Stressmanagements wird eine interne Weiterbildung mit dem Thema „Sicherer Umgang mit Schwermetallen" angeboten und durchgeführt, um den Beschäftigten durch die Vermittlung von Fachwissen die Angst vor einer Gesundheitsgefährdung zu nehmen.

3.1.5   Arbeitsressourcen: Hoher Wert der CNC-Maschinen

Im Bereich des strukturellen Stressmanagements sollen individuelle Stressverstärker wie die Furcht vor einer Beschädigung einer CNC-Maschine durch eine gesundheitsförderliche Mitarbeiterführung minimiert werden. Die Vorgesetzten sollen für die Ängste der Beschäftigten durch eine Schulung sensibilisiert werden und den Beschäftigten das Gefühl von Vertrauen vermitteln.

Durch kognitives Stressmanagement sollen die Beschäftigten im Rahmen einer Schulung mit Hilfe der Entkatastrophierung lernen, Sicherheit im Umgang mit der Maschine zu gewinnen, womit ein von Ihnen verschuldeter Defekt an Bedrohlichkeit verliert.

3.1.6 Allgemein

Bezogen auf das strukturelle Stressmanagement soll ein sechswöchiger, ein Mal wöchentlich stattfindender einstündiger Workshop zum Thema „Work-Life-Balance" durchgeführt werden.

Bezüglich des individuellen Stressmanagements sollen die Beschäftigten im Rahmen des palliativ-regenerativen Stressmanagements in Gruppen angeleitet werden, durch „Down-Talken" die körperliche Stressreaktion selbst beruhigen zu können.

3.1.7 Zusammenfassung

Nachfolgend werden zur besseren Übersichtlichkeit alle Maßnahmen tabellarisch zusammengefasst:

Tab.2: Zusammenfassung aller Maßnahmen des Stressmanagementkonzeptes

Belastungsbereich	Stressor	Maßnahme(n) „strukturelles Stressmanagement"			Maßnahme(n) „individuelles Stressmanagement"		
		Stressor	Individuelle Stressverstärker	Stressreaktion	Instrumentelles Stressmanagement (Stressor)	Kognitives Stressmanagement (individuelle Stressverstärker)	Palliativ-regeneratives Stressmanagement (Stressreaktion)
Arbeitsprozess	Zeitdruck	Gesundheitsförderliche Gestaltung der Arbeitsabläufe: Vorausschauende Planung, Einplanen von Verzögerungen	-		-	Gruppencoaching zur Veränderung der Bewertung eines straffen Zeitplanes mittels ABCZD-Analyse	
Arbeitsbedingungen	Überforderung durch Komplexität und hohe Eigenverantwortung	Interne Weiterbildungen zur Verbesserung des Fachwissens	Gesundheitsförderliche Mitarbeiterführung: Beschäftigter soll um Rat fragen können	6-wöchiger Workshop „Work-Life-Balance"	Anleitung in Gruppen zur Visualisierung des Zeitmanagements	-	Erlernen von „Down-Talken" in Gruppen
Arbeitsumgebung	Lärm & unsaubere Luft	Schallisolation der Maschinen, besserer Gehörschutz, Einbau einer neuen Lüftungsanlage	-		Vortrag über Lärm und unsaubere Luft sowie die korrekte Benutzung von Schutzmassnahmen	-	
Arbeitsmaterialien	Giftige Schwermetalle	Sensibilisierung der Verantwortlichen zur Vermeidung von Schwermetallen	-		Interne Schulung „Sicherer Umgang mit Schwermetallen"	-	
Arbeitsressourcen	Hoher Wert der CNC-Maschinen	-	Gesundheitsförderliche Mitarbeiterführung: Vermittlung von Vertrauen		-	Schulung zum Erlernen der Entkatastrophierung	

4 Überprüfung der Wirksamkeit

Die Wirksamkeit der Stressmanagementmaßnahmen soll anhand des Vorgehens nach folgendem Forschungsplan überprüft werden:

- Forschungsfrage
- Hypothesen
- Forschungsdesign
- Untersuchungseinheiten
- Datenerhebung
- Datenanalyse
- Bewertung der Befunde

4.1 Forschungsfrage

Die Forschungsfrage wird wie folgt formuliert:

Verringern die unter Punkt 3 beschriebenen Maßnahmen den Stress der Beschäftigten der Abteilung „Werkzeugbau"?

4.2 Hypothesen

Alternativhypothese H_1: Die unter Punkt 3 beschriebenen Maßnahmen reduzieren den Stress der Beschäftigten der Abteilung „Werkzeugbau".

Nullhypothese H_0: Die unter Punkt 3 beschriebenen Maßnahmen reduzieren den Stress der Beschäftigten der Abteilung „Werkzeugbau" nicht.

4.3 Forschungsdesign

Als Forschungsdesign wird der pre-post-Test gewählt. Da somit sowohl Vorher- als auch Nachherwerte vorliegen, ist ein direkter Vergleich möglich. Die erste Befragung findet im Rahmen der Vorbereitung der Maßnahmenkonzeptionierung statt, die zweite

Befragung ein halbes Jahr nach der Implementierung der unter Punkt 3 beschriebenen Maßnahmen:

Forschungsdesign: Pre-post-Test

t_1	t_2	t_3
O	X	O

t: Zeitpunkt

O: Messung (Observation)

X: Einwirken des Stimulus

4.4 Untersuchungseinheiten

Als Methode wird die Vollerhebung gewählt. Somit findet eine Befragung aller Beschäftigten in der Abteilung „Werkzeugbau" statt. Eine Vollerhebung ist aufgrund der geringen Abteilungsgröße von 20 Beschäftigten gut umsetzbar und liefert im Gegensatz zur Teilerhebung noch genauere Daten.

4.5 Datenerhebung

Die Datenerhebung wird im Rahmen einer schriftlichen Befragung mithilfe eines Fragebogens durchgeführt. Diese bringt den Vorteil des geringen Personalaufwandes und der gewahrten Anonymität mit sich. Dabei wird der unter Punkt 2 beschriebene Fragebogen zur Befragung der Stressbelastung verwendet. Dieser dient somit sowohl als Befragungsinstrument im Rahmen der Maßnahmenkonzeptionierung als auch zur Überprüfung der Maßnahmenwirksamkeit.

4.6 Datenanalyse

Sowohl beim pre- als auch beim post-Test findet nicht nur eine Auswertung über das herkömmliche Verfahren AVEM, sondern auch der Zusatzfragen statt. Erstere ermöglicht es, das berufliche Bewältigungsverhalten vor und nach der Implementierung zu erfassen und auf Unterschiede zu prüfen.

Bezüglich der Zusatzfragen wird die Anzahl der Beantwortung eben dieser analysiert. Unterscheidet sich diese beim post-Test im Vergleich zum pre-Test, so hat sich auch die Anzahl jener Antworten bei den Fragen 3, 5, 8, 16, 25, 30, 47, 58 und 60 verändert, welche 3 („trifft manchmal zu") oder mehr betragen. Dies lässt auf eine Veränderung der Anzahl der als Stressor empfundenen Reize schließen. Des Weiteren werden auch beim post-Test die konkreten Stressoren aus den Antworten der Zusatzfragen ausgelesen und eine Rangierung anhand der Anzahl Nennungen vorgenommen, um dann die Rangierung sowie die Anzahl Nennungen pro Stressor auf eine Veränderung in Bezug auf die Antworten beim pre-Test zu überprüfen.

Es werden keine Signifikanztests durchgeführt, da diese nur bei Teilerhebungen Anwendung finden.

4.7 Bewertung der Befunde

Abschließend werden die durch die Datenanalyse gefundenen Ergebnisse bewertet. Folgendes ist zu erwarten und wünschenswert:

Im Rahmen des AVEM werden beim post-Test im Vergleich zum pre-Test die Anzahl Beschäftigter, welche den Risikomustern A und B zugeordnet werden, zu Gunsten der Muster A und B abnehmen. Dies würde die Wirksamkeit des Konzeptes als Ganzes bekräftigen und die Alternativhypothese, welche besagt, dass die unter Punkt 3 beschriebenen Maßnahmen den Stress der Beschäftigten der Abteilung „Werkzeugbau" reduzieren, stützen.

Die Anzahl beantworteter Zusatzfragen nimmt beim post-Test im Vergleich zum pre-Test ab. Somit wurden von den Fragen 3, 5, 8, 16, 25, 30, 47, 58 und 60 weniger mit 3 („trifft manchmal zu") oder mehr beantwortet, was eine Abnahme der Anzahl der als Stressor empfundenen Reize bedeutet. Auch dies würde die Wirksamkeit aller Maßnahmen bestätigen und die Alternativhypothese stützen.

Da die Anzahl beantworteter Zusatzfragen abnehmen wird, ist damit zu rechnen, dass die Anzahl Nennungen aller oder der meisten der verschiedenen Stressoren abnehmen wird (weniger Zeitdruck, weniger Stress durch Schwermetalle, etc.). Durch die Berechnung der prozentualen Abnahme der einzelnen Stressoren ist es somit sogar möglich, Rückschlüsse in Bezug auf die Wirksamkeit der einzelnen für den jeweiligen Stressor ergriffenen Maßnahmen zu ziehen. Nimmt zum Beispiel die Anzahl Nennungen des Stressors „Zeitdruck" prozentual im Vergleich zu den anderen Stressoren am meisten ab, ist davon auszugehen, dass die Maßnahmen „Gesundheitsförderliche Gestaltung der Arbeitsabläufe: Vorausschauende Planung, weniger kurzfristige Aufträge, Einplanen von Verzögerungen" sowie „Gruppencoaching zur Veränderung der Bewertung eines straffen Zeitplanes mittels ABCZD-Analyse" von allen Maßnahmen am wirksamsten waren.

5 Literaturverzeichnis

Grether, R. Utz in Zahlen. Zugriff am 30.12.2014 unter http://www.utzgroup.ch/de/unternehmen/utz-gruppe/utz-in-zahlen/

Kruse. F. Maschinenpark Fräsen. Zugriff am 30.12.2014 unter http://www.kruse-gmbh.com/#/Maschinenpark-Fraesen/

Mengis, C. Georg Utz AG. Zugriff am 30.12.2014 unter http://www.kunststoff-schweiz.ch/html/georg_utz_ag_rako-behalter.html

Pieter, A. (2014). *Studienbrief Forschungsmethoden (rev.11.004.00).* Saarbrücken: Deutsche Hochschule für Prävention und Gesundheitsmanagement

Schaarschmidt, U., & Fischer, A. (1997). AVEM - ein diagnostisches Instrument zur Differenzierung von Typen gesundheitsrelevanten Verhaltens und Erlebens gegenüber der Arbeit. *Zeitschrift für Differenzielle und Diagnostische Psychologie*, 18, 151-163.

Testzentrale der Schweizer Psychologen AG. AVEM. Zugriff am 30.12.2014 unter http://www.testzentrale.ch/de/tests/suche/flexShow/testDetail/testUid/947/categoryUid/10/subcategoryUid/12/

6 Abbildungs- und Tabellenverzeichnis

6.1 Tabellenverzeichnis